LES USAGES RURAUX

DU

CANTON DE CHATEAU-DU-LOIR

PAR

Gustave JOUSSE

———◦———

EN VENTE : au Mans et à La Flèche, chez tous les Libraires, et dans tous les Bureaux de Tabac des communes du canton de Château-du-Loir.

———◦———

ANGERS

IMPRIMERIE-LIBRAIRIE GERMAIN ET G. GRASSIN

RUE SAINT-LAUD

—

1887

LES
USAGES RURAUX

DU

CANTON DE CHATEAU-DU-LOIR

PAR

GUSTAVE JOUSSE

———◦———

EN VENTE : au Mans et à La Flèche, chez tous les Libraires, et dans tous les Bureaux de Tabac des communes du canton de Château-du-Loir.

———◦———

ANGERS
IMPRIMERIE-LIBRAIRIE GERMAIN ET G. GRASSIN
RUE SAINT-LAUD
—
1887

PRÉFACE

L'article 1159 du Code civil dit : « Ce qui est *ambigu* s'interprète par ce qui est *d'usage* dans le pays où le contrat est passé. » Et l'article 1160 : « On doit suppléer dans le contrat les clauses qui y sont d'usage, quoiqu'elles n'y soient pas exprimées. »

Or, il existe dans chaque canton, dans chaque commune même, des usages dits locaux qui servent de base, depuis un temps immémorial, à tous les contrats passés entre particuliers.

Mais, il y a peu de temps encore, ces usages n'étaient pas parfaitement définis. Aussi M. le Ministre de l'Intérieur invita-t-il, par une circulaire en date du 26 juillet 1844, MM. les Préfets à consulter les Conseils généraux sur l'opportunité de faire constater et recueillir, dans l'intérêt des services administratifs et des tribunaux, les usages locaux auxquels se réfèrent diverses dispositions législatives.

Le Conseil général de la Sarthe, dans sa session de 1844, se borna à émettre le vœu de la formation d'une commission pour constater les usages ; le projet n'eut pas d'autre suite.

Cependant, par une nouvelle circulaire en date du 5 juillet 1850, M. le Ministre de l'Intérieur ayant invité MM. les Préfets à adresser un exemplaire des usages recueillis et constatés dans leur département, le Conseil général, sur la proposition d'un rapporteur de l'agriculture, s'empressa de prier M. le Préfet dè la Sarthe de vouloir bien nommer dans chaque canton une commission qui serait composée du Juge de paix, président, du maire de chaque commune et de cultivateurs choisis parmi les plus capables et les plus âgés.

Pour donner au travail qui allait être fait un caractère d'ensemble et d'uniformité, M. le Préfet envoya, à l'avance, aux maires du canton, une série de questions, au nombre desquelles figuraient les suivantes, d'une importance capitale :

1° Quelles sont les obligations du fermier sortant au 1er novembre ?

2° Les obligations du fermier sortant au 1er mai ?

3° Les droits du fermier sortant, soit au 1er mai, soit au 1er novembre ?

4° Les délais pour donner utilement congé en ce qui regarde les maisons d'habitation ?

5° Le mode d'assolement ?

6° Le nombre de journaux qu'il est loisible au fermier d'ensemencer au printemps ?

7° Comment ensemence-t-on les retours ? Peut-on les fumer ?

Les usages relatifs à la vaine pâture et au parcours, au curage des cours d'eau, aux clôtures, aux distances à observer pour les plantations d'arbres et, enfin, tous les autres usages auxquels la législation donne force de loi en beaucoup de circonstances.

La Commission nommée dans le canton de Château-du-Loir se réunit à la Justice de paix le 29 mars 1851, sous la présidence de M. Duchemin-Bois-Jousse, Juge de paix du canton.

Les délégués des communes étaient :

Pour la commune de Château-du-Loir : MM. Gendron, maire ; Chenet, expert ; Blavette, notaire ; Bongendre, propriétaire ; Brette, receveur d'enregistrement ; Olivier de Beauregard et Levillain, père, cultivateurs.

Pour la commune de Montabon : MM. Brault, maire, Rousserie ; Percheron et Charron, cultivateurs.

Pour la commune de Luceau : MM. Royer, maire ; Guibout, Victor ; Gendron et Nourry, cultivateurs.

Pour la commune de Beaumont-Pied-de-Bœuf : MM. Carel, maire ; Pichon ; Morillon et Moisy, cultivateurs.

Pour la commune de Jupilles : MM. Moreau, maire ; Boussion, notaire ; Lepingleux-Duverger, propriétaire, et Poussin, meunier.

Pour la commune de Thoiré-sur-Dinan : MM. Hervé, maire ; Pottier, Alphonse, propriétaire ; Gourdin, cultivateur, et Grassin, meunier.

Pour la commune de Vouvray-sur-Loir : MM. Baussan ; Cartereau ; Jamin et Duchêne, cultivateurs.

Pour la commune de Dissay-sous-Courcillon : MM. Lepingleux, maire ; Soloman, notaire ; Meunier, expert, et Ribassin, cultivateur.

Pour la commune de Nogent-sur-Loir : MM. Defay, maire ; Rottreau ; Guéret et Maubert, cultivateurs

Pour la commune de Saint-Pierre-de-Chevillé : MM. Tesnières, père, maire ; Tesnières, fils ; Fromont et Clet, cultivateurs.

La Commission répondit à toutes les questions citées plus haut et dressa un procès-verbal de la séance. Nous avons consulté ce document aux archives de la Justice de paix de Château-du-Loir et, grâce à l'amabilité de M. le Juge de paix, nous avons pu prendre des notes pour nous guider dans notre travail.

Mais nous avons été frappé des changements survenus dans les usages, surtout en ce qui concerne les assolements. Cependant il nous a paru impossible de faire aucune modification. Nous avons donc accepté les usages tels qu'ils ont été déterminés par la Commission officielle.

Suivant la méthode adoptée par MM. Robert et Gasté, avocats à la Cour d'appel d'Angers et auteurs d'un *Dictionnaire des usages ruraux et urbains* (1) des départements de la Sarthe, de la Mayenne et de Maine-et-Loire, nous avons classé nos *usages* par ordre alphabétique et sous la forme d'un dictionnaire. Cela évitera des recherches.

Nous tenons à remercier ici MM. Robert et Gasté, qui ont bien voulu nous autoriser à puiser dans leur excellent livre des renseignements que nous n'avons pas trouvés dans le procès-verbal de la Commission officielle et que ces deux auteurs s'étaient procurés après une tâche longue et ingrate.

Notre travail n'est donc, pour ainsi dire, qu'une répétition de leur publication dont l'édition a été trop tôt épuisée et qui, malheureusement, n'était pas à la portée de toutes les bourses.

Nous n'avons pas la prétention d'avoir fait une œuvre irréprochable : des omissions et des erreurs s'y trouvent probablement; mais nous avons essayé de remplir le mieux pos-

___

(1) Cet ouvrage est complètement épuisé,

sible la tâche suivante : rendre des services à la classe si intéressante des cultivateurs.

Aussi nous espérons que notre modeste ouvrage sera bientôt entre les mains de tous les intéressés du canton de Château-du-Loir. Puisse-t-il éviter les différends qui s'élèvent entre voisins, entre locataires et propriétaires, ne connaissant pas leurs droits réciproques !

Ce 12 décembre 1886.

Gustave JOUSSE.

LES

USAGES RURAUX

DU

CANTON DE CHATEAU-DU-LOIR

A

Abattage d'arbres. — Le propriétaire a le droit d'abattre tous les arbres à haute tige, propres à la construction, sans autre indemnité pour le fermier ou colon que la réparation, due en tous cas, des dommages occasionnés aux clôtures et aux récoltes par la chute des arbres.

Abeilles. — « Le propriétaire d'un essaim a le « droit de le réclamer et de s'en ressaisir tant « qu'il n'a pas cessé de le poursuivre, autrement « l'essaim appartient au propriétaire du terrain « sur lequel il est fixé. » (Loi du 28 septembre et 6 octobre 1791, art. 5.)

En cas de bail d'abeilles, le propriétaire fournit la souche, le bail est de 3 ans, et les produits se partagent.

Ajoncs. — La coupe des ajoncs se fait au cours de l'hiver.

Arbres (à basses tiges). — Les arbres à basses tiges sont le coudrier, le sureau, le lilas, le genêt, le laurier, et tous les arbustes de décoration ; les fruitiers en espaliers, pyramides, quenouilles et buissons ; les charmilles, les vignes, les bois taillis (sauf les baliveaux), etc.

La plantation des arbres à basses tiges doit se faire à 0^m,509 du voisin, même si les propriétés sont séparées par un mur mitoyen ou non.

Arbres (à hautes tiges). — Les arbres à hautes tiges sont tous ceux qui ne sont pas compris dans l'énumération précédente. Leur plantation se fait à 2 mètres et cette distance n'est exigée qu'au moment seulement de la plantation.

Cette distance se mesure à partir de l'écorce.

S'il s'agit de plantations d'arbres à hautes tiges le long de ruisseaux ayant moins de 2 mètres de largeur, aucune distance n'est exigée.

Arbres fruitiers. — L'obligation du béchage au pied des arbres n'existe pas.

Le fermier n'est pas tenu non plus à protéger les fruitiers avec des pieux et des épines, mais il est responsable des dommages causés par ses bestiaux.

La destruction des gourmands et rejets est obligatoire chaque année.

Le gui et autres plantes parasites doivent être détruits au cours de l'automne et de l'hiver.

Le fermier n'est pas tenu de greffer.

Les plantations sont interdites au fermier.

Assolement. — Il est triennal dans les petites exploitations et quadriennal dans les grandes (1).

B

Bail verbal. — Le bail verbal d'une maison ou d'une portion de maison est censé fait pour un an et se renouvelle de plein droit par la tacite réconduction (2).

Le bail d'une maison meublée se fait au mois.

Pour les bordages, closeries et fermes, le bail verbal est d'autant d'années qu'il y a de soles ou cotaisons. Pour les prés et vignes, il est d'un an.

Le bail verbal des courtils et terres volantes, si

---

(1) Nous n'insisterons pas sur l'assolement. A notre avis, les assolements relevés par les Commissions cantonales ne doivent plus faire loi. Les progrès de l'agriculture se sont fort étendus et on doit laisser une large place aux sages innovations qu'on ne saurait trop encourager. Nous ne citons donc ici ces deux sortes d'assolement que pour la forme et sans y attacher une importance capitale.

(2) On nomme *tacite réconduction* le nouveau bail qui se forme dans les mêmes conditions, de plein droit et tacitement, c'est-à-dire sans conventions nouvelles, à l'expiration du bail antérieur, quand le fermier ou locataire reste et est laissé en paisible possession.

Celle des parties qui veut faire cesser la jouissance à l'expiration du terme en usage doit en donner avis à l'autre dans les délais accoutumés ; faute de quoi la tacite réconduction s'opère pour un laps de temps qui varie suivant les exploitations et les cantons, mais qui égale la durée du bail verbal qu'elle renouvelle.

l'assolement y est régulier, est d'autant d'années qu'il y a de cotaisons, sinon il est d'un an.

Balles. — Les balles de toute espèce appartiennent à la ferme, et celles de l'année de sortie sont employées par l'entrant au 1er novembre.

Battage de grains. — Il est à la charge du sortant qui doit faire tous les travaux de l'arrière récolte, même en cas de partage. Ces travaux doivent être terminés le 25 décembre.

Bestiaux. — (Colonie partiaire). Le propriétaire et le fermier doivent se concerter lorsqu'il s'agit d'acheter, d'échanger ou de vendre des bestiaux.

La fourniture des bestiaux se fait moitié par le propriétaire, moitié par le colon. En fin de bail, les bestiaux sont partagés entre eux à l'amiable ou par voie de tirage au sort.

Dans la colonie partiaire, le nombre des bestiaux n'est pas déterminé ; mais s'il s'agit d'une ferme, ils doivent être en quantité et qualité suffisantes pour assurer la bonne exploitation du lieu et répondre du fermage.

Bois de chauffage. — Il n'est pas dû par le propriétaire au fermier.

Bois taillable. — La coupe du bois taillable sur les haies et chaintres a lieu à 6 ans.

Même règle pour le bois des haies joignant prés, taillis, sapinières, vignes, cours et jardins ; pour le bois des haies sur le bord des ruisseaux et des rivières ; pour le bois des haies plantées d'ajoncs et de genêts.

La coupe des haies mitoyennes se fait également à 6 ans.

Les ronces et les épines des haies et chaintres se coupent en même temps que le bois taillable ; celles qui poussent dans les champs doivent être détruites lors des labours.

Les ronces et les épines appartiennent aux colons ou fermiers, sauf l'obligation d'en employer suffisamment pour l'entretien des clôtures et la garniture des jeunes plants.

La coupe se fait sur la sole des menus grains.

Le fermier peut émonder à son profit les souches, peupliers, saules, aulnes et frênes, tous les 6 ans.

Le fermier n'est tenu de conserver des baliveaux qu'autant que cela résulte d'une convention expresse.

La coupe se fait du 1er novembre au 1er avril. La vidange doit être terminée avant le 15 avril.

Le sortant au 1er novembre a la coupe de l'hiver qui précède la sortie. L'entrant a la coupe de l'hiver qui suit.

Le sortant au 1er mai ou à Pâques a la coupe d'hiver qui précède la sortie.

Le fermier n'est pas obligé de consommer sur place la part qui lui est attribuée.

L'écorçage est défendu.

Il est défendu également de faire du charbon avec le bois des haies et des souches.

Les coupes avancées ou retardées sont interdites.

La coupe des bois taillis a lieu à 9 ans, dans les bas fonds (essence de chêne), et à 6 ans dans les autres. Si les châtaigniers, coudriers, marsaules et autres dominent, la coupe se fait à 6 ans.

**

Pour les bois vendus au stère, et les fagots et bourrées, la coupe se fait du 1ᵉʳ novembre au 15 avril, et la vidange doit être opérée avant le 15 mai.

On doit laisser dans les taillis 24 baliveaux par hectare.

Le fermier peut faire de l'écorce dans les taillis, mais non du charbon.

L'introduction des voitures dans les taillis est tolérée.

Bornage. — Le bornage se fait par le juge de paix ou à l'amiable par les parties.

Boucs et chèvres. — L'élevage des boucs et des chèvres est autorisé, mais le fermier est responsable des dommages qu'ils peuvent causer.

Bruyères. — Les bruyères servent comme litières ou comme engrais. Le fermier ne peut ni les vendre ni les enlever.

C

Cendres. — Le fermier a le droit de disposer des cendres comme il l'entend, quelle que soit la provenance du bois.

Chaintres. — Leur largeur est indéterminée. Leur culture est autorisée, mais le fermier doit prendre des précautions pour ne pas nuire aux arbres.

Charrées. — Elles appartiennent absolument au fermier, il peut les vendre ou les enlever à sa sortie.

Charrois. — Le fermier n'est tenu à aucun charroi gratuit à l'égard de son propriétaire, à moins que des conventions spéciales ne l'y obligent. Il n'est point également obligé d'approcher sans rétribution les matériaux nécessaires aux réparations.

Chaumes. — Le chaume doit avoir de 22 à 41 centimètres et être laissé debout.

Chevaux. — Les chevaux loués et employés aux travaux agricoles doivent être rendus à la chute du jour.

Choux verts. — Le sortant doit laisser à l'entrant 100 choux verts pour 66 ares ensemencés en gros blés.

Ces choux doivent être plantés aux époques usitées.

L'entrant au 1er mai peut planter des choux avant son entrée en jouissance, mais seulement avec la permission du sortant.

Citrouilles. — La consommation des citrouilles a lieu sur place. Le sortant ne peut ni les vendre ni les enlever.

Closerie. — Dans le canton de Château-du-Loir, une closerie désigne spécialement une maison louée avec des vignes.

Clôtures. — L'entretien des clôtures incombe au fermier ou colon.

Colonie partiaire. — Le colon fait à ses frais tous les travaux des récoltes.

Tous les fruits naturels et industriels se partagent par moitié, excepté ceux qui se consomment sur place et le bois taillable, réservé en totalité au colon.

Les gros grains de la récolte qui suit la sortie sont également partagés par moitié.

Les grains et graines doivent être nettoyés, les chanvres et lins, broyés et teillés, les fruits à couteau, cueillis à la main, le tout aux frais du colon.

Le colon n'est tenu de faire aucun transport en l'absence de conventions expresses.

Comble. — Les pommes, poires, pommes de terre et marrons se mesurent combles.

Congé. — *Délais pour donner utilement congé* (Maison d'habitation). — Pour un loyer de 50 fr. et au-dessous, 3 mois d'avance ;

Pour un loyer de 50 à 300 fr., 6 mois ;

Pour un loyer de plus de 300 fr., 1 an.

En règle générale, pour calculer les délais des congés, on ne doit pas ajouter au prix de location le montant des contributions payées par le locataire en l'acquit du propriétaire.

Contributions. — En principe et à défaut de stipulations, les contributions foncières, autres que celles des portes et fenêtres, sont à la charge des fermiers.

Dans la colonie partiaire, les contributions sont payées moitié par le propriétaire, moitié par le colon.

En principe, le fermier doit les contributions depuis son entrée en jouissance jusqu'à sa sortie.

Dans le canton de Château-du-Loir, le sortant

paie tous les impôts jusqu'au 1er juillet qui suit sa sortie.

Cour commune. — Les dépôts permanents sont interdits dans les cours communes, sauf le cas de nécessité.

Cours d'eau. — Le curage des cours d'eau est à la charge du propriétaire, sauf pour les moulins, où le locataire fait celui du bief et de l'arrière bief.

Les boues appartiennent aux riverains et servent comme engrais.

Cribleur (Colonie partiaire). — Le paiement des salaires du criblenr est fait par moitié par le propriétaire et le colon, ou en nature, avec des céréales prises sur le monceau commun.

D

Domestiques. — Lorsque le désistement a lieu avant l'exécution du louage, sans distinction de délai, l'indemnité due par le maître consiste dans l'abandon des arrhes, celle du domestique est du double.

Si le désistement se produit au cours du louage, l'indemnité, de part ou d'autre, est du tiers des gages restant à courir.

La durée du louage est d'un an, à compter du 24 juin.

Le contrat n'est définitivement formé qu'après que le maître a donné au domestique les arrhes

***

ou denier-à-Dieu. Jusque-là, il n'y a qu'un projet que chacune des parties est libre de ne pas exécuter.

L'entrée chez le maître a lieu le lendemain matin du jour où commence l'engagement.

Le domestique qui a perdu des journées au cours de son louage, subit à la fin une retenue proportionnelle ; il ne peut les rendre en nature.

Dans le cas où le maître est obligé de faire remplacer le domestique par un homme de journée, le domestique lui doit compte de toute la dépense.

Le maître doit le blanchissage, mais seulement quand il fait la lessive.

Le maître n'est pas tenu de faire repasser le linge de ses domestiques ni de le faire raccommoder.

Il doit laisser aux servantes le temps de raccommoder leurs effets.

Le nouveau maître n'est tenu à rien envers l'ancien.

Les gages sont payés, au domicile du maître, à l'expiration de l'année de louage.

Les gages se paient au domestique lui-même ou à son fondé de pouvoir.

Dans le cas où le maître a fait des avances pour un domestique mineur, il doit lui en être tenu compte par ceux qui touchent les gages.

Les domestiques doivent tout leur temps au maître. Les dimanches et fêtes gardées, ils doivent vaquer aux soins des bestiaux et du ménage et faire tous les travaux urgents.

Les règles qui concernent les ouvriers des

usines ne sont pas tout à fait semblables à celles qui régissent les domestiques ruraux.

Toutefois, en cas d'engagement rompu pouvant causer préjudice, une indemnité serait due par la partie reconnue en défaut.

Les domestiques qui se louent pour le temps de la moisson sont considérés comme journaliers, et les règles qui s'appliquent aux domestiques attachés à la culture ne les concernent pas.

Les bergers, pâtres et pâtours sont soumis aux règles concernant les domestiques ruraux.

Les domestiques attachés à la personne sont régis également par les règles appliquées aux domestiques attachés à la culture, sauf la remarque suivante :

En cas de résiliation au cours du louage, en principe, aucune indemnité n'est due de part et d'autre. Le domestique n'est payé que proportionnellement à la durée de ses services.

E

Échenillage. — Toutes les fois que l'échenillage est ordonné par l'autorité administrative, il est, même sans stipulation spéciale, à la charge des fermiers.

Ecobuage. — L'écobuage n'est pas usité.

Ecuries et étables. — Si l'on veut élever près d'un mur mitoyen ou non une écurie ou une étable, il faut construire un contre-mur qui garantisse le voisin de tout dommage.

Les mangeoires et râteliers sont censés appartenir au propriétaire comme immeubles par destination. Cependant il y a des exceptions. Dans le cas où l'on peut les détacher sans rien détériorer, on les laisse au fermier.

Le nettoiement des écuries et étables est à la charge du fermier sortant jusqu'au jour de la sortie.

Engrais. — En règle générale, tous les engrais qui sont faits sur la ferme doivent y être employés. Le fermier ne peut ni les vendre ni les enlever à sa sortie.

En retour, et sans stipulation contraire, il n'est pas tenu d'en acheter.

Les fumiers d'étable sont employés pour les gros grains.

Le sortant ne peut prendre de fumier après le 2 novembre, quelle que soit l'époque de sa sortie et fût-il autorisé à ensemencer après cette date.

Dans les terres volantes, la quantité de fumure n'est pas déterminée.

On ne peut faire, sur le même fumier, plus de deux récoltes en grains, qui arrivent à maturité, qu'il s'agisse de terres détachées ou de lieux composés.

En principe, on peut faire deux récoltes de paille sur un fumier ; l'une de blé, l'autre d'orge ou d'avoine.

La conséquence de ce principe est que si le fermier de terres volantes est expulsé à la fin de l'année où il a fumé, il a droit à une indemnité, puisqu'on ne lui a pas laissé faire la seconde récolte que son fumier aurait pu produire.

L'indemnité due, dans tous les cas, en raison de la fumure, est arbitrée par expert, lors de la visite et montrée.

Ensemencement. — Le sortant au 1er novembre doit faire l'ensemencement des gros blés la dernière année.

Si la jouissance finit en mars, à Pâques ou au 1er mai, l'ensemencement est toujours fait par le sortant.

L'ensemencement des gros blés doit être terminé le 2 novembre, à la chûte du jour. En cas de mauvais temps, on accorde jusqu'au 30 novembre.

Erussage. — L'érussage est permis pour les frênes, les ormeaux et les coudriers.

Il se fait au mois de septembre.

L'érussage doit se faire à la main et sans aide d'instrument. On ne doit point briser les branches et il faut laisser la pointe de chaque branche intacte et garnie de ses feuilles.

F

Faisances. — Elles doivent être acquittées chaque année et ne peuvent être reportées d'une année sur l'autre.

Feuilles sèches. — Le fermier ou colon peut les ramasser dès qu'elles sont tombées, excepté dans les bois taillis.

Elles doivent se consommer sur place,

Filasse. — Lorsqu'on a donné de la filasse à filer, la personne qui l'a reçue doit rendre la même pesanteur en fil, si c'est du brin ; si c'est de la filasse en gros, on accorde un déchet de un douzième.

Foins. — Le sortant au 1er novembre peut consommer un tiers des foins ; il laisse les deux tiers.

Les frais de fauchage et de fanage sont supportés par le sortant. Le partage par tiers se fait sur place.

La graine de foin tombée dans les greniers appartient à l'entrant. Il doit l'employer sur la ferme.

Forge. — Lorsqu'une forge est construite près d'un mur mitoyen, il est nécessaire d'établir un contre-mur. L'épaisseur n'en est pas déterminée.

Fosse à fumier. — Comme ci-dessus.

Fossés. — La jouissance du relit des fossés est réservée aux propriétaires de ces fossés, mais seulement pour les produits spontanés, car ils n'ont pas le droit de cultiver cette bande de terre.

Les fossés sont réparés à chaque coupe de haie et aussi souvent que besoin en est.

Fosse d'aisances. — Voir forge.

Fourmilières. — La destruction des fourmilières est obligatoire pour le fermier dans les champs, prés et jardins.

Fourrages. — Le sortant ne peut emporter

les fourrages qu'il n'a pu faire consommer en nature.

Fours. — Mêmes règles que pour les forges.

Fruits. — Lorsque les branches des arbres fruitiers s'étendent sur la propriété du voisin, le propriétaire partage avec le possesseur de l'arbre les fruits tombés sur son fonds.

Dans le cas où les arbres fruitiers se trouveraient dans des récoltes qui se partagent, les fruits appartiennent à l'entrant.

G

Glanage. Grapillage. — Un arrêté préfectoral du 1er juillet 1817 règle l'exercice de ces droits dans le département de la Sarthe.

H

Haies sèches. — Les haies sèches établies sur la ligne même de séparation de deux héritages sont mitoyennes.

Haies vives. — La haie appartient en entier au propriétaire du terrain du côté duquel elle se trouve, quand il y a haie et fossé.

Les haies sans fossés sont réputées mutuelles.

Les haies avec deux fossés sont censées mitoyennes.

Il y a marque de non mitoyenneté quand les haies ne sont inclinées que d'un seul côté ; elles sont alors au propriétaire sur le terrain duquel poussent les racines.

Pour détruire des haies, il faut, dans tous les cas, le consentement mutuel.

Les haies de clôture, mitoyennes ou non, se coupent à un mètre, sauf pour les jeunes haies dont la première coupe se fait ras le sol, vulgairement *sur le sabot*.

Les haies mitoyennes ou non, sont réparées à chaque coupe de bois taillable.

J

Jardins. — L'entrant n'a pas le droit de venir, avant son entrée, travailler dans le jardin, mais on doit lui laisser le terrain libre.

Le fermier ou le locataire, non jardinier, peut enlever les arbustes, fleurs et plantes, plantés ou semés par lui.

Le locataire, jardinier, peut enlever ses plants, mais il doit remettre les lieux en état.

L

Labours. — Trois labours sont nécessaires pour les gros et les menus grains. Ceux-ci se font de décembre au 1er mai.

Logement. — Le sortant peut user de la grange pour la récolte qui suit la sortie jusqu'au 25 décembre suivant ; les clefs restent à l'entrant, à charge de les remettre chaque fois qu'elles lui sont demandées.

M

Maison d'habitation. — Lorsqu'une maison est louée avec des terres, on la distingue des bordages et des closeries lorsque les terres ne sont pas soumises à l'assolement.

Marc. — Le marc de toute espèce appartient au fermier qui a récolté. Il peut l'emporter ou le vendre.

Maréchal (Colonie partiaire). — Les mémoires dus au maréchal sont payés par moitié, sauf convention contraire.

Marnage. — Le marnage est autorisé, sans convention expresse.

Mesurage. — Les frais de mesurage sont à la charge du vendeur, mais ils sont à la charge du sortant pour les produits partagés avec l'entrant.

Dans la colonie partiaire, ils sont à la charge du colon, pour les produits partagés avec le propriétaire.

Mitoyenneté des arbres. — L'arbre est mitoyen dès que le pied touche la ligne séparative de la propriété contiguë. On mesure à partir de l'écorce.

Mobilier. — Le mobilier des fermiers doit toujours avoir une importance suffisante pour assurer la bonne exploitation et garantir les droits du propriétaire.

Moutons. — Le pacage des moutons est permis, sans stipulation spéciale, dans les bois taillis.

Le sortant ne peut, sans convention expresse, faire paître les moutons dans les prairies artificielles du dernier printemps.

Le pacage des prairies naturelles n'est autorisé, pour le sortant, que jusqu'au 1er mars.

O

Osiers. — La dernière année du bail, le sortant peut couper les osiers, sauf le cas où il en a trouvé en entrant.

Ouvriers-journaliers. — Le journalier qui a perdu quelques journées subit, à l'expiration du temps pour lequel il a loué ses services, une retenue proportionnelle.

P

Pacage. — Le pacage des prairies artificielles, des champs de chaume, des vieilles herbes et des pâturages, est réservé au sortant, jusqu'au 2 novembre, à la chute du jour.

Pailles. — Le sortant laisse toutes les pailles à l'entrant, et il doit, dans tous les cas, engranger ou embarger.

Palis. — Les palis sont mitoyens quand la tête est évasée des deux côtés; si elle ne l'est que d'un côté, il n'y a pas mitoyenneté.

Parcours. — Ce droit n'existe pas.

Partage de grains. — Le fermier qui a semé les grains avant son départ (sans considérer la date de sortie) vient en faire la récolte qu'il partage après avoir prélevé les semences.

Passage. — La largeur pour les droits de passage est : 3 mètres pour passage de charrette ; 2 mètres pour bestiaux ; 1 mètre pour gens de pied ou avec civière.

Pesage. — Les frais de pesage sont à la charge du vendeur.

Plantes printanières. — L'ensemencement des plantes printanières se fait dans le 1/5 des terres destinées aux menus grains, si l'assolement est triennal ; si l'assolement est quadriennal, l'ensemencement se fait dans le dernier quart. Les pommes de terre ne peuvent y entrer que pour 1/5 et les citrouilles pour 1/20.

Dans l'assolement triennal, le fermier ne peut, la dernière année, semer de pommes de terre, à peine de perdre, à titre d'indemnité, sa moitié des blés récoltés après la sortie.

Le fermier ne peut jamais fumer ces ensemencés avec les engrais du lieu.

Plâtrage. — Le plâtrage est autorisé, pour fumer les plantes fourragères, sans le consentement du propriétaire.

Le plâtre peut également être employé dans les terres labourables sans la permission du propriétaire.

Pommes de terre. — Le sortant doit consommer sur le lieu 1/4 des pommes de terre.

Le fermier de terres détachées peut faire des pommes de terre la dernière année, en les fumant.

Prairies artificielles. — Les tiges du trèfle qu'on laisse venir à graine doivent être consommées sur le lieu. On ne peut laisser les vesces venir à graine qu'en quantité suffisante pour rendre la semence.

La dernière année le sortant peut laisser venir le trèfle à graine si l'assolement est quadriennal, et non dans l'assolement triennal.

Prairies et prés naturels. — L'entrant au 1er novembre n'a le droit de faire des travaux d'amélioration, dans les prés clos, qu'après la sortie de son prédécesseur.

Le fermier est obligé de curer les sangsues et rigoles au cours de l'hiver.

Il doit également épiner et étaupiner les prairies, abaisser les buttes, détruire les fourmilières, de façon à ce qu'elles soient toujours à faulx courante.

A moins de convention contraire, le fermier n'est pas tenu de fumer les prairies et les prés.

Pressoir. — Le sortant peut se servir du pressoir pour faire son vin, mais seulement lorsque les vendanges sont tardives.

Prestations en nature. — Elles sont à la charge du sortant pour toute l'année de sortie.

Dans sa session du mois d'août 1886, le Conseil

général de la Sarthe a fixé le tarif ou rachat des prestations pour 1887 comme suit :

Journée d'homme. 1 60
— de cheval ou mulet . . . 2 80
— de bœuf 1 40
— d'âne. 0 50
— de voiture. 1 50
— de voiture à âne . . . . 1 »

Puits. — Lorsqu'on veut faire construire un puits près d'un mur appartenant en tout ou partie au voisin, il faut un contre-mur de 0^m33 ; entre deux puits, ce contre-mur doit avoir 1 mètre, et entre un puits et une fosse d'aisances 1^m33. Cette épaisseur n'est pas nécessaire si c'est le puits qui a été creusé le dernier.

La corde des puits est fournie et entretenue par les fermiers et les locataires. Ils peuvent l'enlever à leur sortie.

On observe la même règle pour la chaîne et la main de fer.

Si le puits est commun, ces différents objets sont entretenus par les ayants droit.

R

Regains. — Le sortant peut faire pacager les regains, mais sans les couper.

Réparations locatives. — Le fermier ou locataire doit le pavage intérieur et extérieur des fourneaux de cuisine et autres, fournis par le propriétaire ; le scellement des réchauds et leur remplacement quand ils sont cassés ou brûlés ; le récrépîment à toute hauteur de la partie de la cuisine où se met le bois : le ramonage des cheminées ; il doit réparer l'aire et l'ouverture des fours ; les mangeoires des écuries ; les pavés des mangeoires ; les barreaux des râteliers ; les auges de pierres cassées ou écornées ; les barrières, mains de fer et chaînes des puits ; le piston, la tringle et le balancier des pompes ; les tournants et travaillants de moulins ; les vans et ustensiles apportés par le propriétaire

Aucune réparation (sauf pour les moulins) n'est à la charge du fermier lorsqu'elle n'est occasionnée que par vétusté.

Cependant les réparations aux murs ne sont dues que jusqu'à la hauteur d'un mètre.

Retours. — Les retours se font exclusivement en orge ou avoine et ne sont pas fumés.

S

Sainfoin. — Le fermier a la faculté de disposer d'une portion de terre labourable pour y ensemencer un sainfoin permanent, sauf à rétablir l'assolement avant sa sortie.

Le fermier d'une pièce de terre détachée peut, à sa sortie, la laisser ensemencée en sainfoin, mais alors il faut qu'il l'ait trouvée plantée en sainfoin à son entrée.

Sarclage. — Le sarclage est fait, en mai et en juin, par l'entrant qui a les herbes.

Semences. — Les grains destinés à la semence sont choisis, sur le lieu, parmi les meilleurs et fournis par le fermier qui doit faire l'ensemencement. Ils sont mesurés ras le fût ; de même, lors du prélèvement.

Dans la colonie partiaire, les semences sont prélevées sur le monceau commun ou payées par moitié.

Le sortant prélève 1 hectolitre 80 litres de semence par hectare.

Sortie des fermiers ou locataires. — Le sortant doit remettre les clefs à l'entrant le 2 novembre, au soir.

Souches. — Elles sont considérées comme arbres de haute tige ; on les tolère cependant à moins de 2 mètres de l'héritage voisin.

Le sortant peut emporter les grands brins de bois laissés sur les souches.

T

Taupier. — (Colonie partiaire). Le paiement du taupier est à la charge du colon.

Taupinières. — Les taupinières doivent être détruites par le fermier ou locataire, dans les champs et jardins.

Terres détachées ou volantes. — Le fermier ne peut joindre de terres détachées à son exploitation sans le consentement exprès du propriétaire de la ferme.

Les pailles des terres détachées appartiennent à la ferme ou au bordage qui a fourni les engrais.

Toute pièce de terre détachée, s'il n'y a preuve contraire, est présumée avoir été prise sans paille ni engrais.

Les terres détachées ne sont pas assolées.

Le fermier est obligé de les fumer pour y ensemencer les gros blés. Il suit les règles générales pour la coupe des bois et la réparation des haies et fossés.

Les contributions ne sont pas à la charge du fermier, à moins de conventions expresses.

Tonneaux. — Les tonneaux restent la propriété de l'acheteur.

Tour d'échelle. — Le tour d'échelle étant une servitude discontinue, ne peut plus être établi que par titre.

Si la servitude du tour d'échelle n'existe pas, le voisin est tenu néanmoins de supporter le passage des ouvriers et des matériaux, mais il lui est dû une indemnité.

A défaut d'explication dans le titre, la largeur du tour d'échelle est d'un mètre, dans le canton de Château-du-Loir.

Trèfles. — Le sortant peut faire consommer les trèfles en entier, si cela lui convient, soit en vert, soit en sec. Il n'a pas la faculté de les enlever du lieu.

Le sortant au 1er novembre a le droit de faire consommer tous les vieux trèfles, sur le lieu, avant sa sortie.

Dans les terres détachées, les trèfles n'appartiennent pas à la ferme, mais au fermier.

U

Usufruitier. — L'usufruitier d'un bois doit se conformer au mode d'aménagement suivi.

V

Vaine pâture. — Ce droit n'existe pas.

Vente de denrées. — Le vin et le cidre se goûtent avant l'achat.

Vente en foire. — La corde dont on se sert pour conduire les bestiaux aux foires est comprise dans la vente.

Le vendeur n'est cependant pas tenu de laisser la corde qui a servi à tenir des porcs.

Pour les chevaux, ânes et mulets, le vendeur doit le licol à l'acheteur.

Le joug des bœufs et les courroies qui servent à l'attacher restent au vendeur.

On essaie les chevaux, ânes et mulets ; l'acheteur n'est engagé qu'après avoir essayé l'animal. Jusque-là, il peut en débattre le prix.

Cet essayage ne peut plus avoir lieu après le paiement du prix, ni même après la livraison.

Vétérinaire (Colonie partiaire). — Les salaires du vétérinaire sont payés par moitié ou bien ils se prélèvent sur le monceau commun, avant le partage.

Vignes. — L'entrant doit faire les travaux de la vigne. Au cours du bail, les fermiers doivent tailler la vigne, de février à fin avril, à court bois, à trois boutons, dont un stérile.

Le premier béchage se pratique de décembre à fin mai ; le rabattage des mottes en juin.

On doit faire 300 fosses de provins par hectare et cela à 0m25 de profondeur.

Les échalas, gaulettes et les pieux-pichons des treilles sont fournis par le fermier.

Les droits de passage s'exercent à somme et à pied. Les raizes ou rigoles sont curées en décembre ou janvier.

Les fermiers ne peuvent faire de plants sans le consentement du propriétaire. Ils doivent mettre du terreau. Ils ne sont pas obligés de faire le vin sur la ferme.

Visite et montrée. — La visite et montrée sont faites, au plus tard, dans les trois mois qui suivent la sortie du fermier.

Les frais sont payés par moitié, sauf le cas où le sortant les a seul payés à son entrée. L'entrant les supporte à son tour.

Les visites faites au cours du bail, à la réquisition du propriétaire, sont à la charge de celui-ci.

Volailles (Colonie partiaire). — Les volailles sont attribuées en totalité au fermier.

TABLE DES MATIÈRES

Angers, imp. Germain et G. Grassin — 108-87.

DU MÊME AUTEUR

POUR PARAITRE PROCHAINEMENT

EN PRÉPARATION

Les Usages Ruraux du canton de Pontvallain.

Les Usages Ruraux du canton de Malicorne.

Les Usages Ruraux du canton de Saint-Calais,